SEUL PARTI

A PRENDRE.

AVIS AUX CONSULS.

.... Peut-être,
Le Ciel pour nous sauver, les fit usurpateurs.

A PARIS,

Chez tous les marchands de nouveautés.

(1799. — AN VIII.)

SEUL PARTI

A PRENDRE.

AVIS AUX CONSULS.

Au moment de retomber sous la verge sanglante d'une convention, composée d'hommes altérés de sang, et relativement à cette position, j'applaudis au résultat de la journée du 19 brumaire; car de deux maux il faut éviter le pis : mais ne considérant que les principes, je suis forcé de la condamner. En effet, que vois-je jusqu'à ce moment dans cette journée, semblable à toutes celles qui se sont succédées depuis dix ans ? Rien autre chose qu'usurpations colorées du spécieux prétexte du bien public.

[4]

Après les 5 et 6 octobre , l'assemblée constituante proclama aussi que n'étant plus
contrariée dans sa marche , elle alloit faire
le bonheur du peuple ; cette déclaration nous
valut l'incendie , le pillage des châteaux et
le massacre des propriétaires. Le 10 août, le
trône renversé , l'assemblée législative tint le
même langage , qui produisit les massacres
des 2 et 3 septembre. Le 31 mai , semblable
proclamation , dont le résultat fut un crêpe
funèbre étendu sur toute la France. Le 9 ther-
midor , journée dont les suites furent plus
heureuses , parce que le peuple y prit une
part active , fut suivi de la famine (1). Le
18 fructidor nous rendit le règne de 93. Le
30 prairial enfin dont on fit un si sot éloge ,
et que les faiseurs traitoient de journée im-
mortel , qui devoit donner à l'Europe la paix
et l'abondance, enfanta l'emprunt forcé et la
loi sur les ôtages. Qu'avons-nous donc à es-

(1) Vraisemblablement pour l'empêcher de se mêler
une autre fois des querelles de ses maîtres.

pérer du 19 brumaire ? Si nous jugions cette journée au flambeau de l'expérience , nous concluerions qu'où nous voyons les mêmes acteurs, nous devons craindre les mêmes résultats. Apprécions un peu ces hommes qui de leurs pleines autorités, se déclarent nos maîtres pour notre plus grand avantage , disent-ils ? Tâchons d'écarter, s'il se peut , l'éloge et la satyre, et sans un faux enthousiasme comme sans injustice , cherchons la vérité : voyons si dans leur naissance , dans leur gloire , dans leur moralité, enfin dans les actes de la puissance qu'ils ont exercé à diverses époques , nous pouvous y trouver une garantie de leurs promesses.

Sieyes , Provençal , chanoine de Tréguier, connu à l'assemblée constituante par ses talens , ses abstractions et son opinion sur le meilleur gouvernement, qu'il déclaroit alors être la monarchie, s'est montré à la convention *régicide sans phrases* , républicain sans énergie , et a été accusé, par l'opinion publique , d'avoir été le directeur secret de Robespierre : sa naissance, ordinaire, est sans prestige : il n'offre donc à notre confiance que ses talens, et peut-être une grande profondeur dans ses plans : jusqu'ici l'on présume cette dernière qualité.

Buonaparte, Corse, gentilhomme ordinaire, jeune officier d'artillerie, connu et employé par Fréron et Barras à la reprise de Toulon, au massacre de vendémiaire, à la fermeture du club de l'Odéon : après cette journée, devenu dangereux et suspect aux directeurs (1), par l'audace avec la-

---

(1) Aussi-tôt après l'établissement du Directoire, les jacobins triomphant de la journée du 13 vendémiaire, ouvrirent leur antre et s'établirent à l'Odéon. Fidèles à leurs principes, ils voulurent gouverner et ne voir, dans les directeurs, que les exécuteurs de leurs volontés : c'étoit, en conséquence, chaque jour des arrétés pris à l'Odéon sur les branches de l'administration publique et portés au Luxembourg, où l'on signifioit au Directoire l'ordre de les mettre à exécution. Les directeurs étoient indignés d'être sous la tutele, mais ne savoient comment secouer le joug; leur existence étoit entre les mains de la société qui

quelle il excutoit ses entreprises, ils l'envoyèrent prendre le commandement de l'ar-

---

les menaçoit journellement. Enfin un soir, Carnot, comme président, reçut une députation nombreuse, dont l'orateur prenant un ton impérieux et audacieux, lui annonça que la société venoit de faire un travail qu'elle chargeoit le Directoire de mettre à exécution : c'étoit une promotion générale de tous les *frères et amis* à toutes les fonctions publiques. Carnot leur répondit avec dignité et les congédia ; mais sur-le-champ convoqua ses collègues, et après leur avoir rendu compte de la scène qu'il venoit d'avoir, proposa de faire fermer ce foyer d'insurrections. Il eut beaucoup de peine à les déterminer à cet acte de rigueur ; ils trembloient ; ils y consentirent enfin : mais ils demandèrent à Carnot comment et par qui ils feroient exécuter cet ordre ? Par Bonaparte, dit Carnot. Chaque directeur manifesta alors ses craintes sur les vues ambitieuses de ce général, et Barras dit qu'il ne croyoit pas qu'il obéit ; tant mieux, dit Carnot, s'il refuse nous le destituerons. Mais s'il obéit, répliqua un autre membre, nous serons livré à lui après. Alors, répondit Carnot, nous l'enverrons commander ailleurs ; en conséquence, le général fut mandé, et Carnot lui remit l'arrêté du Directoire :

mée d'Italie, où on ne s'attendoit certainement pas qu'il obtiendroit des succès (1):

il étoit 9 heures du soir. Buonaparte, pour toute réponse, demanda à qu'elle heure on vouloit qu'il fut fermé; demain matin à 6 heures, répondit Carnot. Buonaparte à 5 déposa les clefs au Luxembourg.

Son départ pour l'Italie fut aussi-tôt arrêté entre les directeurs.

(1) Aussi-tôt que la résolution fut prise au Luxembourg d'éloigner Buonaparte, les directeurs craignant toujours un refus, cherchèrent une place qui, en satisfaisant son ambition, ne le rendit pas dangereux par des succès, mais le détermina à accepter. L'armée dite d'Italie et qui, à cette époque, n'étoit que sur les Alpes, manquoit de tout, étoit dans le plus pitoyable état. Ce fut cette armée dont on proposa le commandement à Buonaparte, après que les chances en eussent été calculées et démontrées par Carnot à ses collègues dans la proportion de 99 de perte contre un; ça les détermina à l'y envoyer.

On tient tous ces détails de Carnot même; l'expédition d'Egypte est la suite des mêmes craintes : c'étoit enfin dans les deux circonstances un honnête ostracisme.

du bonheur, du courage, des talens, l'esprit révolutionnaire et point de forces qui pussent lui résister, firent sa gloire militaire. C'est à la postérité à l'apprécier à sa juste valeur. Pour nous, le massacre des Parisiens, sa situation dans les plaines de la Carynthie, où il étoit enveloppé, sa conduite avec Venise pour se tirer de ce mauvais pas, la part prise au 18 fructidor, son arrivée à Paris, après cette journée, sa conduite pendant son séjour, son départ pour l'Egypte, son retour, ses discours à Saint-Cloud, où la postérité impartiale accordera le beau rôle à ses adversaires (1); tout cela n'annonce pas une tête à grande conception, ni beaucoup de moralité. Donc il ne nous reste, pour étayer nos espérances,

----

(1) Je répète que j'applaudis au succès de Buonaparte dans la journée du 19 brumaire ; mais j'eus desiré que l'exécution de son projet fût aussi grand que la conception ; j'eus souhaité qu'il ne fût entré dans la salle des 500 à Saint-Cloud que de manière à

que son bonheur, la confiance du soldat et l'étude de l'histoire qui lui offre un beau modèle (1).

Roger-Ducos, plébéien, conventionnel. C'est du coton entre deux verres.... Nous n'en parlerons plus.

Voilà donc les trois hommes qui, assis sur les débris d'un trône dont quatorze siècles d'existence promettoient la durée, remplacent une famille à qui une origine illustre, perdue dans la nuit du tems, imprimoit un caractère auguste, et dont l'administration glorieuse et paternelle n'a pu préserver de la chûte la plus terrible; ce sont donc ces trois

---

n'être pas mis à la porte à coups de poings. C'est une scène de crocheteurs qui ne convenoit pas au vainqueur de l'Italie et au conquérant de l'Egypte.

Pour l'ennoblir, je sais que des narrateurs tragiques ont parlé de poignard : dans ce cas, *du côté des députés*, c'étoit la répétition du meurtre de César.

Et en vérité c'étoit fort beau.

(1) Révolution d'Angleterre.

hommes qui osent assurer que nous allons jouir d'un bonheur sans mélange sous leur joug ! Ne pourroit-on pas leur dire : Vous vous êtes emparés des rênes de l'Etat sans notre consentement ; mais comme nous n'avons plus de volonté depuis dix ans, et que vous nous déclarez que c'est pour nous arracher aux meurtres et à l'expropriation, nous applaudissons ; mais ce n'est pas le tout, il faut nous en préserver pour l'avenir, et quel moyen nous proposez-vous pour atteindre ce but ? est-ce de conserver la puissance ? mais vous n'êtes que les successeurs d'hommes qui, après en avoir culbuté d'autres, avoient usurpé, avec autant de hardiesse que vous, l'autorité suprême ; comme vous, ils nous promettoient un avenir plus heureux : nous n'en avons cependant été que tyrannisés, et ils ont, à leur tour, été renversés. Sera-ce votre réputation, Buonaparte, et la confiance que le soldat a en vous ? mais celle de Pichegru sans taches, ne l'a pas empêché d'être conduit enchaîné au travers de la France, par ces mêmes soldats qu'il n'avoit jamais menés qu'à la victoire.

Sera-ce vos talens, Sieyes? mais Barthélemi, jouissant de l'estime de sa nation et de celle de l'Europe, s'est vu enchaîné à côté de Pichegru, et a vu s'entr'ouvrir, à Sinamaris (1), le tombeau de ceux qui y sont morts pour la patrie.

Tel est le langage qu'on auroit tenu le 20 brumaire, époque où les consuls victorieux (car il faut les appeler ainsi puisqu'ils le veulent) promettoient au peuple le bonheur; nous qui sommes habitués à entendre chaque parti promettre et ne point tenir,

______

(1) Sinamaris est un canton de Cayenne où il existe un fort et où les représentans proscrits, déportés après le 18 fructidor, ont été enfermés. C'est de cette prison d'où Pichegru, Barthélemi, Willot et Larue se sauvèrent ; c'est enfin dans cet exécrable lieu où sont déposés les derniers restes des représentans du peuple français, Murinais, vieillard de 80 ans ; Lafond-Ladébat, Barbé-Marbois, Gilbert-Desmolières, Tronçon-du-Coudray, l'abbé Brottier et Lavilleurnois.

nous n'y comptions pas beaucoup ; mais comme nous avions sondé avec froideur le gouffre où les jacobins vouloient nous engloutir, et que nous en connoissions toute la profondeur , nous avons vivement applaudi aux triomphes de Sieyes et de Buonaparte , en disant tout bas : Cependant, voyons-les venir avant de les juger; ils ont fait un grand bien , peut-être auront-ils le courage de remplir la brillante carrière qu'ils viennent de s'ouvrir; l'espérance est notre dernier sentiment, et certes! il faut qu'il ne nous abandonne jamais pour en avoir conçu sur le compte d'hommes qui se sont montrés si révolutionnaires , mais à tout péché miséricorde , disoit-on ; qu'ils fassent le bien, et tout est oublié. Tel étoit le cri général ; aujourd'hui on est bien déchu en voyant la marche suivie par les consuls, depuis le jour qu'ils ont réuni en leurs personnes la souveraineté.

On a dit, avec un grand sens, que l'opinion est la reine du monde. Cette vérité a

toujours été tellement sentie, que les usur=
pateurs en la frondant, lorsqu'ils étoient
tout - puissans, n'ont cessé de l'invoquer
lorsqu'ils se sont disputé l'autorité. C'est ce
que l'histoire de la révolution nous prouve
à chaque page, et ce que nous venons de
voir le 19 brumaire. Dans cette journée et
suivantes, à l'exception d'un seul être qui
ne peut avoir ni envieux ni ennemis, le mé-
pris n'en comporte pas, à l'exception, dis-je,
de *Boulay* (de la Meurthe) (1), tout le parti

---

(1) Cet intriguant étoit accusateur public près le
tribunal criminel du département de la Meurthe ;
il se contrefit si bien qu'il obtint d'être élu en l'an V
représentant du peuple. Dans le commencement de
la session du nouveau tiers, il intrigua sourdement
pour obtenir, parmi ses collègues, de la prépondé-
rance ; mais sa médiocrité, jointe au masque défa-
vorable qu'il tient de la nature, l'empêchèrent de
réussir : il se jetta alors dans le parti adverse, et
lui donna un gage de son servil dévouement, en émet-
tant son opinion sur les cultes et les ministres, où
il n'existe, comme dans tout ce qu'il dit et écrit, que

triomphant caressa le peuple , en condam-
nant le 18 fructidor, en prononçant ana-
thême sur les suites , et en faisant l'éloge de
ses victimes. Il paroissoit, aux discours de
tous les orateurs, que le 19 brumaire n'avoit
été opéré que pour réparer les maux du 18
fructidor et faire l'apologie des proscrits de
cette journée. Un mois s'est déja écoulé de-

---

de l'astuce sans talens. Poultier , qui croit devoir
quelque fois rire aux dépens des sots , fit un éloge
pompeux de son discours , et le surnomma le petit
Mirabeau ; le nom lui en resta : il eut la sottise de
prendre au sérieux la plaisanterie de Poultier : la tête
lui en tourna , et malgré les avis charitables de plu-
sieurs de ses collègues qui saisissoient toutes les oc-
casions de le ramener à sa médiocrité , il se crut un
grand homme. Depuis cette époque , il n'a cessé de
se montrer lâche et bas adulateur ; depuis Merlin
jusqu'à Buonaparte , toujours aux pieds du vainqueur
et écrasant les vaincus ; enfin , depuis la révolution ,
c'est le seul être qui ait développé autant de bassesse ,
jointe à autant d'orgueil : un seul homme pourroit
rivaliser avec lui , c'est Bailleul.

puis ces déclamations pathétiques , et le peuple, honteux de voir ses espérances trompées , gémit encore sur le sort de ses fidèles représentans proscrits. Mais , m'objectera-t-on, on ne peut faire tout le bien à-la-fois ; eh ! quel bien, grand dieu ! s'est-il donc opéré depuis que les consuls ont la toute-puissance ? est-ce le rapport de la loi des ôtages ? mais le parti royaliste en faisoit l'application aux parens et amis des gouvernans, et la rendoit ainsi terrible à ses auteurs. Est-ce le rapport de la loi sur l'emprunt forcé ? mais çà ne pesoit que sur les grandes fortunes ; la subvention de guerre pesera sur tout le monde et produira davantage. Est-ce enfin dans les arrêtés des consuls qui condamnent à la déportation 64 jacobins, et qui ensuite se contentent de les mettre sous la surveillance des communes qu'on leur désignera? Dans le premier, je vois l'abus le plus coupable de la puissance ; dans le second, un acte de foiblesse ; dans tous deux l'oubli total des principes et l'arbitraire

traire le plus atroce ; car qui assurera aux citoyens paisibles que, sous une dénomination quelconque , ils ne seront pas frappés par un semblable arrêté? Je ne connois de garantie que le règne des lois ; et toutes les fois que des hommes y substitent leurs volontés , je n'y vois que des tyrans.

Convenons-en franchement, la révolution du 19 brumaire n'est que la répétition de toutes celles qui l'ont précédées , et nous n'en recueillerons d'autres fruits qu'un changement de maîtres , gouvernans d'après les mêmes principes. Eh ! comment cela pourroit-il être autrement! tout homme usurpant l'autorité et proclamant l'absurde système de république, ne peut et ne doit employer que des républicains , et qui dit républicain , entend révolutionnaire ; il se jette donc dans le tourbillon des crises , qui, par leur nature, doivent l'engloutir et faire naître son successeur. C'est une chose vraiment extraordinaire que l'expérience des révolutions de tous les peuples , jointe à celle de la nôtre, soit absolument perdue pour ces hommes audacieux, sans génie comme sans prévoyance qui, comptant sur leur bonheur, prétendent terminer la révolution, hériter de ses victimes et jouir en paix de leurs usurpations. O vous, mânes de Vergniaud, Danton, Robespierre, exhumez-vous! et venez apprendre à ces hommes, aveuglés par leurs passions, qu'il n'y a qu'un sincère retour à la monarchie, dans le prince légitime (1), qui puisse assurer leur existence; apprenez-leur que l'ambition, même la gloire, cachent derrières elles, l'exil, le poison, l'échafaud; dites-leur enfin que la nuit des tombeaux se lève sur tout homme qui, dans une république, ose dépasser le niveau de l'égalité; et que le jour où il se place au-dessus de ses concitoyens, il entr'ouvre sa tombe. Et toi, Cromwel! heureux usurpateur pendant dix ans; toi, dont l'ascendant

____

(1) Par-là, nous entendons le plus proche héritier du trône, soit par mort, soit par abdication.

du génie, contint la férocité inquiète de tes compatriotes, dis-leur que tu fus assez heureux pour mourir à propos ; que tout étoit mûr pour le rétablissement de Charles II, et que les lois invariables de la nature t'eussent fait périr sur un échafaud, si ta fortune ne t'eût fait descendre au cercueil. Après un pareil exemple, qui osera se flatter d'enchaîner les événemens ! Les talens de Cromwel même ne les maîtriseroient pas aujourd'hui ; et quel est l'homme de notre révolution qui osera se comparer à lui ? aucun, sans doute.

Je le dis sans haine et sans passion, dix ans de tourmente révolutionnaire ne nous ont produit que des Domitiens et des Caligula (1) ; j'en appelle pour la vérité du parallèle, aux hommes instruts, aux veuves, aux orphelins, et à ces mânes plaintives qui, errant sans

-----

(1) Empereurs romains, odieux à la postérité par les cruautés qu'ils exercèrent contre leurs concitoyens. *Révol. romaines.*

cesse dans nos cités , nous retracent leurs supplices et perpétuent nos regrets.

Sieyes, Buonaparte, vous tenez les rênes de l'état, vous pouvez plus ou moins de tems les conserver ; mais votre chûte est certaine ; et vous n'obtiendrez pour immortalité que la haine de vos compatriotes, si vous ne les remettez entre les mains du roi légitime ; si la passion de la vraie gloire ne vous anime pas , si celle qui environne la mémoire de Monk (1), seul modèle que les circonstances vous permettent d'imiter , n'échauffe pas vos ames , que votre intérêt particulier vous dirige. Trop instruits pour vouloir conserver l'autorité , quelles sont les mains entre lesquelles vous la déposerez ? qui vous répon-

---

(1) Général anglais qui , après la mort de l'usurpateur Cromwel, rétablit Charles II, fils de Charles I , qu'une convention nationale anglaise avoit fait périr sur l'échafaud , le rétablit, dis-je , sur le trône de ses pères , et reconstitua la monarchie anglaise. Il fut comblé d'honneurs et de dignités par son souverain , et l'histoire lui a décerné de justes éloges.

dra de la jouissance paisible de vos fortunes, de votre vie même ?

Sera-ce dans la balance des pouvoirs, que vous croirez avoir bien établie dans nue constitution nouvelle? Mais vous savez mieux que personne, qu'un bataillon de grenadiers la bayonette au bout du fusil, entrant au pas de charge dans le sanctuaire des lois, fait pencher cette balance en faveur de celui qui le dirige. Sera-ce en élevant un usurpateur? mais quelque soit sa naissance, il y aura toujours le parti des principes, qui en éternisant l'opposition, peut-être la guerre civile, nous conservera en révolution et menacera sans cesse votre exitence.

Vous n'avez donc d'autre refuge, que dans le rétablissement de la monarchie dans la personne de Louis XVIII (1). Connoîtriez-vous

____

(1) En disant Louis XVIII, je crois, comme tous les Français, que Louis XVII n'existe plus ; si la politique nous l'avoit conservé, il est clair que c'est son rétablissement que j'invoque, conformément au grand principe de l'hérédité du trône.

assez peu l'opinion publique , pour douter que ce ne fût le vœu de la France? Consultez-là, que le peuple convoqué et réuni en assemblées primaires déclare librement quel est le gouvernement qu'il veut : si vous craignez que les partis puissent encore influencer la détermination , reportez - vous à l'époque où la sagesse présida à la rédaction de ses volontés exprimées dans les cahiers envoyés aux états généraux , et conformez-vous y ; quoique je sois convaincu que la révolution a nécessité de grands changemens dans divers articles.

Seriez-vous assez abusés pour croire que le peuple tient à ce gouvernement anarchique où quelques hommes régnent tour-à-tour sous le nom de république? Pour vous convaincre du contraire , jettez un coup-d'œil sur notre situation ; la confiance est détruite, le commerce est remplacé par l'agiotage , les villes manufacturières sont dans la misère , vos institutions sont méprisées , vos magistrats avilis, tout esprit national est anéanti.

Çà renaîtra sans doute, sous l'arbre antique de la monarchie, dont la tige majestueuse recevra du ciel des rosées bainfaisantes, qui en affermiront les racines ; tandis que votre arbre de liberté, imbibé du sang dont vous n'avez cessé de l'arroser, n'a jamais pu croître. Ouvrez donc enfin les yeux et profitez de votre puissance pour en éterniser le souvenir par un bienfait durable : vous le savez, les dignités et les honneurs relèvent quelquefois aux yeux de son siècle la médiocrité intriguante ou heureuse, mais ne fait jamais illusion à la postérité. Elevez donc vous-mêmes le piedestal, où la nation plaçant vos statues et vous proclamant les restaurateurs de la monarchie française, vous assignera une place à côté des hommes célèbres, qui ont illustré les siècles passés ; le temple de mémoire est ouvert, vous pouvez y entrer et enrichir la collection des grands hommes ; mais si vous ne saisissez l'instant, il se refermera pour jamais.

Et vous, mes chers compatriotes ! dont les

opinions, depuis dix ans, causent les divisions; repassez tous les crimes qu'elles ont produits. Des millions d'hommes égorgés, plus de mille combats dans l'intérieur, où le sang français a coulé par la main des Français; de lâches tyrans profitant de vos dissentions pour faire périr sur les échafauds ou dans l'Océan (1) les malheureux échappés à la guerre; les meurtres, les massacres de sang-froid applaudis comme des actions équitables, des enfans arrachés des entrailles palpitantes des mères, pour être portés au bout des baïonnettes (2), et le plus ver-

____

(1) Noyades de Nantes, mariages républicains; invention de Fouché, ministre actuel de la police.

(2) Dans la guerre de la Vendée les soldats républicains entroient dans Nantes portant des petits enfans au bout de leurs fusils et ayant à leur tête les généraux Thurau et Tunck, et leurs aides-de-camp, ainsi que Lelièvre, commandant le premier bataillon de la Montagne de Rouen, qui avoient en place de cocarde, les oreilles des victimes qu'ils venoient d'égorger.

tueux de vos soixante-dix rois périssant sur un échafaud.

FRANÇAIS ! que l'aspect de tant de démence et de crimes, qui, du peuple le plus doux, vous a transformé en un peuple de tigres, vous fasse tirer un voile sur le passé, et ramène parmi vous la concorde ; jurez, sur le corps sanglant de Louis XVI, que vous oublierez vos affreuses querelles, et que, désormais ralliés au tour du trône, vous serez unis ! Et toi, ombre auguste et révérée, reçois au nom de toute la France et de son siècle, l'amende-honorable que nous te faisons pour cet assassinat, prix si différent de celui que méritoient tes vertus ! La postérité te rendra ses hommages, et les Français qui naîtront se prosterneront sur ta tombe, et la baigneront de leurs larmes !

F I N.

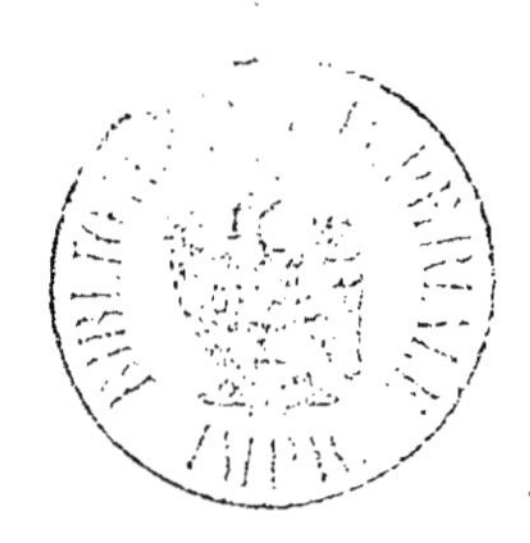